AF385171

UNIVERSITÉ DE FRANCE.

ACADÉMIE DE STRASBOURG.

ACTE PUBLIC
POUR LA LICENCE,

PRÉSENTÉ

A LA FACULTÉ DE DROIT DE STRASBOURG,

ET SOUTENU

JEUDI 18 AOUT 1853, A 3 HEURES,

PAR

CHARLES GERMAIN,

DE SARREBOURG (MEURTHE).

STRASBOURG,

IMPRIMERIE DE G. SILBERMANN, PLACE SAINT-THOMAS, 3.

1853.

A MON PÈRE.

A MA MÈRE.

———

A MES ONCLES.

CH. GERMAIN.

FACULTÉ DE DROIT DE STRASBOURG.

NOMS DES PROFESSEURS.	MATIÈRES ENSEIGNÉES.
MM. Aubry ✻, Doyen.	Droit civil français.
Rauter O✻, Doyen honoraire .	Droit criminel et procédure civile.
Hepp ✻	Droit des gens.
Heimburger	Droit romain.
Thieriet ✻	Droit commercial.
Schützenberger ✻.	Droit administratif.
Rau ✻.	Droit civil français.
Eschbach	Droit civil français.

M. Blœchel ✻, professeur honoraire.

M. Destrais, professeur suppléant.

MM. Michaux-Bellaire,
Beudant, } professeurs suppléants provisoires.

M. Bécourt, officier de l'Université, secrétaire, agent comptable.

Président de la thèse, M. Rau.

Examinateurs : MM. { Eschbach.
Destrais.
Michaux-Bellaire.

JUS ROMANUM.

DE STATU HOMINUM.

INTRODUCTIO.

Jus personarum ex statu nascitur, id est qualitate quam habent homines a naturâ vel jure.

Status est duplex, naturalis vel civilis.

Naturalis, cùm ad nativitatem, sexum, ætatem spectat.

Civilis, cum ad libertatem, civitatem, familiam.

Persona igitur est homo cum civili statu vel capite consideratus (*Inst.*, 1, 16, § 4).

Ad jus publicum pertinent libertas et civitas, ad privatum familia.

Capitis diminutio est status mutatio : eaque tribus modis accidit ; maximâ, minore vel mediâ et minimâ (*Inst.*, 1, 16; *D.*, 4, 5, *De cap. min.*).

Sed nunc quemadmodum status civilis elementa acquiri possint videamus. Et primum de libertate.

PARS PRIMA.

DE LIBERTATE.

Quod ad statum libertatis pertinet, homines aut liberi sunt aut servi.

2

Summma de jure personarum divisio hæc est (*D.*, 1, 5, 3, *De statu hominum*).

Deinde superveniunt jam ante pium Constantinum coloni tributarii vel liberi (*C. Th.*, 5, 4, *De bonis militum*; Ortolan, *Généralisation du Droit romain*, x).

§ 1. *Libertas.*

Libertas est naturalis facultas ejus, quod cuique facere libet nisi si quid vi aut jure prohibetur (*D.*, 1, 5, 4, *De statu hom.*).

Liberi aut ingenui aut libertini sunt.

1° *Ingenui* sunt qui virtute nativitatis libertate gaudent, qui igitur ex matre libera nati sunt. Sufficit enim liberam fuisse eo tempore quo nascitur, licet ancilla concepit (*D.*, 1, 5, 2 et 3, *De statu hom.*), et e contrario si libera conceperit, deinde ancilla pariat placuit eum qui nascitur liberum nasci.

Ingenuum accipere debemus etiam eum de quo sententia lata est, quamvis fuerit libertinus, quia res judicata pro veritate habetur (*D.*, 1, 25, *De statu hom.*).

2° *Libertini* sunt qui ex justa servitute manumissi fuerunt (*Inst.*, 1, 5).

Multum inter se differunt et publicè et privatim ingenui atque libertini.

Libertinorum autem status tripartitus antea fuerat. Nam qui manumittebantur, modo majorem et justam libertatem consequebantur et fiebant cives romani; modo minorem et latini ex lege Junia Norbana fiebant; modo inferiorem et fiebant ex lege Ælia Sentia dedititiorum numero (*Inst.*, 1, 5, 3).

Jure antiquo omnes libertini fiebant cives romani, sed ordinis minoris.

Libertinis civitatem ex interventu et consensu omnium civium, manumissio impertiebatur.

Inde civiles et solemnes manumissionis modi, sicut testamento, vindictâ, censu.

Si ex jure quiritium non dominus erat manumittens sed solum in bonis an si nullo modo solemno facta sit manumissio, servus libertatem non acquirebat, sed in libertate morabatur et tantum serviendi metu liberabatur (Ortol., *Expl. hist. des Inst.*, 1, 40).

Deinde lege Ælia Sentia, anno 757, Augnsto imperatore manumissionibus varii modi adhibiti fuêre.

Reipsa cui adhuc absunt triginta anni, ille solum vindictâ, apud consilium justâ causâ approbatâ, manumitti potest.

Et etiam illâ lege', qui in servitute capitalia ausi et convicti fuerant, jura civitatis acquirere non poterant et dedititiis assimilabantur, id est illis qui quondam adversus populum romanum armis susceptis pugnaverant et deinde victi se dederant.

Denique advenit Lex Junia Norbana, anno 772, Tiberio imperatore, qua constituta fuit conditio servorum qui in libertate morabantur. Ex illâ lege Junia nominati sunt libertini, latini Juniani. Latiri, quia romanis in colonias latinas missis assimilati fuerunt, Juniani, ex lege (Gaius, 3, 56; Ortolan, *Expl. hist. des Inst.*, 1, 41).

Igitur tres erant libertinorum ordines.

Justinianeus, jure novo, illos tres ordines commiscuit et libertinis omnia ingenuitatis jura concessit, nullo nec ætatis manumissi, nec dominii manumittentis, nec in modo manumissionis, discrimine habito.

Libertatem et civitatem manumissione acquirit libertinus, sed nullâ familiâ gaudet, itaque jus patronatus constituitur et ipse novam incipit familiam (G. D. Arnold).

Fondamentum omnium jurium patronatus erat ficta agnatio qua patroni libertis loco patrum et proximorum agnatorum erant. Hinc liberti patronorum nomina et prænomina tanquam filii adsumebant, patronis debebant obsequium et reverentiam nec non operas officiales et alimenta; hinc etiam patronus liberto certis in casibus succedebat.

Manumissionis modi sunt civiles et solemnes, vel minus solemnes.

Civiles et solemnes [1]. *Per censum,* si servi, domino volente, in tabulas censuales referrentur.

Per testamentum, si dominus moribundus servo legaret libertatem.

Per vindictam, si servus manumitteretur coram prætore vel alio magistratu.

In sacrosanctis ecclesiis jubente Constantino.

Minus solemnes. Per epistolam. Sancimus itaque si quis per epistolam servum suum in libertatem perducere maluerit, licere ei hoc facere, quinque testibus adhibitis, qui post ejus litteras sive in subscriptione positas, sive per totum lentum effusas suas litteras supponentes, fidem perpetuam possint chartulæ præbere (*C.,* 7, 6, § 1, *Sat. lib.*).

Libertas servo competat quasi ex imitatione codicilli delata (*Inst.,* 1, 5, 1).

Inter amicos. Sed et si quis inter amicos libertatem dare servo suo maluerit, licebit ei similiter quinque testibus adhibitis, suam explanare voluntatem (*C.,* 7, 6, 2, *Sat. lib. tol*).

Per nominationem filii. Similique modo si dominus inter acta quemdam servum filium suum nominaverit, voci ejus quantum ad liberam conditionem, credendum est (*C.,* 7, 6, 10, *Sat. lib. tol.*).

Sunt adhuc alii modi in libro VII titulo VI in Codice relati, ita per convivium, per mensam, inter epulas, sed a Justiniani jure non sanciti fuerunt.

§ 2. *Servitus.*

Servitus est constitutio juris gentium qua quis dominio alieno contra naturam subjicitur (*D.,* 1, 5, 4, *De statu hom.*).

Vario modo servitus justa existere potest : servi enim aut nascebantur aut fiebant (*Inst.,* 1, 3, 4).

Nascebantur ex ancillis quia partus sequitur ventrem (*Inst.,* 2, 1, 19; *D.,* 41, 1, 6, *Adq. rer. dom.*).

[1] *Inst.,* 1, 5; *C.,* 7, 5, *Dedit. lib. tol.; C.,* 7, 6, *Lat. lib. tol.;* G. D. Arnold.

Fiebant servi vel ex jure gentium vel ex jure civili.

Ex jure gentium per captivitatem, unde mancipia dicti, quasi manu capta.

Ex jure civili antiquo servi fiebant[1] :

Qui censum vel militiam subterfugerant ad supplicium damnati vel servi pœnæ.

Qui ab alio adserti, præstitaque cautione per edictum citati, inter annum se haud stilerant.

Mulieres liberæ ex sen. Claudiano.

Ex jure Justinianeo[2] :

Majores viginti annos nati qui se pretii participandi causà, ignoranti ipsorum conditionem venundari passi sunt.

Libertinus ingratus adversus patronum.

Conventio autem privata neque servum quemquam neque libertum alicujus facere potest (*D.*, 40, 12, 37, *De liber. dam.*).

Non de servitutis constitutione disserendum est, sed solum de variis modis quibus illa extinguitur et quibus status acquiritur.

Et adhuc qui ab hostibus captus fuerat deinde reversus, omnia libertatis jura postliminio recuperabat.

PARS SECUNDA.

DE CIVITATE.

Secundum elementum status civilis civitatis jura constituunt.

Jus civitatis est illud quo fruitur civis romanus privatim et publice.

Publicum jus est quod ad statum rei romanæ spectat; privatum quod ad singulorum utilitatem (*Inst.*, 1, 2, 4).

Hoc in comitiorum et honorum jure consistit, illud in connubio, commercio, testamenti factione.

Cives vel fiunt vel nascuntur.

[1] *D.*, 40, 12, *De liber. caus.; C.*, 7, 16; G. D. Arnold; *Inst.*, 3, 12, 1.
[2] *D.*, 40, 12 et 13, *De liber. caus.; Inst.*, 1, 16, 1.

Antiquo jure quiritium vel civitatis carebant omnes qui romanâ nativitate non fruebantur.

Civi romano contrarius erat peregrinus et hostis et barbarus, quorum de civitate eadem erat conditio.

Prætor specialis peregrinus secundum jus gentium omnibus commune judicia exercebat.

Postea tamen juris quiritium commoda inter peregrinos distribuuntur. Juris civitatis partes quædam municipibus conceduntur, aliis connubium, aliis factio testamenti, vel cuique omnia.

Ita, intermediæ adsunt conditiones; sic romani coloni, socii latini, latini colonarii, socii ex jure italico, latini Juniani et deditii (Ortolan, *Général. du Dr. rom.*, xii).

Quæ quidem jura omnibus suis concessit Caracalla : Justinianus que illud jus sancivit.

Antiquum jus ad hoc attendebat utrum cives an peregrini nascerentur.

Tunc cum legitimæ nuptiæ factæ sunt patrem liberi sequuntur; vulgò quæsitus matrem sequitur (*D.*, 1, 5, 19, *De statu hom.*).

In justis nuptiis tempus conceptionis spectatur, si contrà matrem sequuntur liberi, tempus natalium.

Igitur in justis nuptiis quæcumque sit patris conditio post conceptionem, semper liber nascitur civis.

In concubinatu contrà omnes matris vicissitudines sequitur ita ut peregrinus nascatur si mater civitatis jura perdiderit.

Sed lege Mensia ex alterutro peregrino natum deterioris parentis conditionem sequi jussum est (Ulp., *Reg.*, t. 5, 8; Ortolan, *Expl. hist. des Inst.*, 1, 30).

Justiniani imperio nullo discrimine cives nascuntur subjecti : sunt solum peregrini qui potestati romanæ se adhuc non subjecerunt.

Jus postliminii erat modus recuperandi sed non acquirendi civitatem. Quod jus institutionibus Justiniani definitur [1].

[1] *Inst.*, 1, 12, 5.

Duæ species postliminii sunt ut aut nos revertamur aut aliquid recipiamus (*D.*, 49, 15, 14).

Una ad quædam in hostium manibus incessa sicut servos equos, naves, etc., sed nunquam ad arma, quippe nec sine flagitio amittantur (*D.*, 49, 15, 2).

Tunc postliminio omnia veteri domino reverti.

Altera de qua agitur ad liberas personas attinet.

Si quis civis romanus ab hostibus captus esset omnia jura civitatis in personâ ejus in suspenso retinebantur, non abrumpebantur (*D.*, 48, 5, 32).

Itaque si reversus esset, omnia jura recuperabat.

Justiniano imperatore, nulla est differentia inter varias civitates; enim ut ait Modestinus Roma communis nostra patria est (*D.*, 50, 1, 33).

PARS TERTIA.

DE FAMILIA.

Antiquo jure familia romana publica et privata societas erat.

Erant patriciorum plebeii clientelâ subjecti : sacrificia cuique erant propria familiæ : Denique dominium et omnia hereditatis jura colligebat familia (Ortolan, *Gén. du Droit rom.*).

Sed constitutionibus posterioribus et christianâ religione illa propria delentur.

Familiæ appellatio varie accepta est : nam et in res et in personas deducitur.

Ulpianus ait : jure proprio familiam dicimus plures personas, quæ sunt sub unius potestate aut naturâ aut jure subjectæ. Pater autem familias appellatur qui in domo dominium habet (*D.*, 50, 13, 195, *De verb. sig.*).

Patria potestas fondamentum familiæ romanæ, continet omnia jura privata patrifamilias data.

8

Jus potestatis proprium est civium romanorum (*Inst.*, 1, 9 ; *D.*, 1, 6, 3, *De his qui sui.*).

Acquiritur patria potestas:

1° Jure naturali, nativitate liberi in justis nuptiis;

2° Jure civile, adoptione et legitimatione.

§ 1. *De justis nuptiis.*

Nuptiæ sive matrimonium est viri et mulieris conjunctio individuam vitæ consuetudinem continens (*Inst.*, 1, 9).

Ita Modestinus : Nuptiæ sunt conjunctio masculi et feminæ et consertium omnis vitæ, divini et humani juris communicatio (*D.*, 23, 2, 1, *De rit. nup.*).

Illà communicatione divini et humani juris inter se differunt matrimonium et connubium.

Antiquo jure plures erant modi justarum nuptiarum, ita farreum, coemptio et usus sed nunc non in usu sunt.

« Justas autem nuptias inter se cives romani contrahunt qui secun« dum precepta legum coeunt, masculi quidem puberes, feminæ au« tem viripotentes sive patresfamilias sint sive filiifamilias, dum tamen « si filiifamilias sint consensum habeant parentum quorum in potes« tate sunt » (*Inst.*, 1, 10).

Tres igitur sunt conditiones :

1° Pubertas, id est facultas a naturâ data justas nuptias contrahendi.

2° Consensus. Nuptiæ consistere non possunt, nisi consentiant omnes; id est qui coeunt quorumque in potestate sunt (*D.*, 23, 2, 4, *De rit. nup.*). Sed patrefamilias non cogi potest filius uxorem ducere (*D.*, 23, 2, 21).

3° Connubium, id est uxoris jure ducendæ facultas.

Connubium habent cives romani cum civibus romanis : cum latinis autem et peregrinis ita si concessum sit : cum servis nullum est connubium (Ortol., *Expl. hist. des Inst.*, 1, 72 ; Ulp., *Reg.*, 5).

Et etiam inter cives romanos non semper connubium est.

Justiniani jure consensus facit matrimonium deinde traditio; sed nullo modo necessarius est concubitus (*D.*, 35, 1, 15, *De conditionibus et demo.*).

§ 2. *De adoptione.*

In patria potestate sunt etiam ii quos adoptamus (*Inst.*, 1, 11). Nuptiæ erant institutio juris privati, adoptio juris publici.

Populus enim, lege curiata, adoptionem solus facere poterat. Sed postea curiis relictis vindictâ et cessione in jure filiusfamilias in adoptionem missus fuit.

Duo erant adoptionis modi : adrogatio, id est adoptio patrisfamilias, auctoritate populi facta; adoptio, id est filiifamilias, auctoritate privatâ.

« Adoptio patrisfamilias dicitur adrogatio quia et is qui adoptat ro-
« gatur, id est interrogatur, an velit eum quem adoptaturus sit justum
« sibi filium esse, et is qui adoptatur, rogatur an id fieri patiatur : et
« populus rogatur an id fieri jubeat » (Ortolan, *Expl. hist. des Inst.*, 1,
93).

In ultimis reipublicæ temporibus solebant adoptare testamento. Sed illo modo non patria potestas, solum successionis jura nascebantur.

In jure Justiniani adrogatio fit principali rescripto, causâ cognitâ, et adoptio, imperio magistratûs, eo qui adoptatur non contradicente, itaque etiam infantem adoptare poterant (*Inst.*, 1, 11; *D.*, 1, 7, 15, *De adop.*; *C.*, 8, 40, 11).

Ante Justinianum feminæ adrogari non poterant (Ulp., *Reg.*, 8, 5), sed hodie possunt ex rescripto principis (*D.*, 1, 7, 21, *De adop.*).

Is qui per adoptionem vel adrogationem sibi filium facit, plenâ pubertate, id est decem et octo annis eum præcedere debet (*Inst.*, 1, 11).

Illis duobus modis adoptionis acquiritur patria potestas, et igitur jus familiæ.

G   2

§ 3. *De legitimatione.*

Concubinatus erat licita consuetudo, non causâ matrimonii, extra legis pœnam.

Maxime in concubinatu esse poterat, ea quæ obscuro loco nata erat, vel quæstum corpore fecerat[1].

Concubinatus non erat matrimonium itaque nullo modo patriam potestatem dabat; solummodo patrem indicabat. Nati e concubinatu non erant justi liberi, nec spurii vulgo concepti, sed naturales liberi.

Sed post eâ legitimatione in parentum potestatem venire potuerunt.

Legitimus efficitur justis nuptiis is qui a muliere liberâ procreatus fuit, cujus matrimonium minime legibus interdictum fuerat (*Inst.*, 1, 10), dotalibus instrumentis compositis, si hoc ratum habeant liberi (*D.*, 1, 6, 11).

Et etiam curiæ oblatione legitimatio fieri potest.

Duos alios legitimationis modos permisit Justinianus (*Nov.* 74 et 89) rescripto principis et testamento.

[1] *D.*, 48, 5, 34, *Ad leg. Justi.*; *Id.*, 25, 7, 3, *De concub.*; *C.*, 6, 57, 5; *Id.*, 5, 26.

DROIT CIVIL FRANÇAIS.

ACQUISITION DE L'ÉTAT CIVIL.

INTRODUCTION.

A l'état d'une personne, c'est-à-dire à sa position dans la société ou dans la famille, la loi a attaché certains avantages qui constituent les droits de cette personne.

Ces droits déterminent pour chacun la faculté de participer à la puissance publique, ou règlent les rapports privés des particuliers entre eux.

Les premiers constituent *l'état politique,* les seconds *l'état civil.*

État politique. Les Français seuls jouissent des droits politiques, mais cette condition essentielle n'est pas suffisante: il faut en outre que ces Français soient citoyens.

L'art. 7 du Code Napoléon nous renvoie à la loi constitutionnelle pour savoir comment s'acquiert et se conserve la qualité de citoyen.

Les conditions exigées sont déterminées par la loi de 1852 qui reproduit en partie les dispositions de la constitution du 22 frimaire an VIII, sauf l'inscription sur le registre civique.

État civil. « Tout Français jouira des droits civils » (C. N., art. 8).

La loi ne fait aucune distinction, ainsi les mineurs, les femmes et autres incapables ont la jouissance des droits civils, c'est-à-dire l'aptitude légale à l'acquisition de ces droits.

Mais ils n'en ont l'exercice, c'est-à-dire la pratique, qu'en se conformant aux dispositions formelles de la loi.

Ainsi, la loi civile déclare d'une manière presque générale que les femmes mariées sont incapables de l'exercice des droits civils (C. N., art. 934, 222 et suiv.).

Le mineur et l'interdit sont frappés d'une incapacité absolue : la loi attache à leur personne des mandataires chargés d'exercer en leur nom les droits dont ils jouissent.

Cependant il est des cas où cette distinction ne peut subsister. Ainsi, on ne peut exercer par mandataire la faculté de tester ou de contracter mariage. Ici l'exercice et la jouissance sont inséparables (Demolombe, 1).

Relativement à l'incapacité résultant de la loi pénale, le texte de la loi en détermine l'effet et en précise l'étendue.

L'individu frappé de mort civile perd la jouissance de tous ses droits civils, il est retranché de la société et n'existe plus pour elle.

L'état civil, c'est-à-dire l'ensemble des droits civils, est donc inséparable de la qualité de Français. Il s'acquiert et se perd en même temps que cette qualité elle-même (Merlin, *Rep. droits civils et polit.*).

Comme l'état politique est attaché à la qualité de citoyen, de même l'état civil est attaché à la qualité de Français (Proud'hon, 1, 68).

Cependant, pour favoriser le bénéfice de la naturalisation, le législateur a dû traiter d'une manière favorable l'étranger venu en France pour l'enrichir de son industrie et de ses talents. En conséquence, l'art. 13 du Code Napoléon accorde à l'étranger domicilié la jouissance des droits civils et l'assimile en cela au Français lui-même.

Voyons maintenant comment on acquiert la qualité de Français, laquelle emportera de droit l'acquisition de l'état civil.

La qualité de Français s'acquiert :

1° Par droit de naissance ;

2° Par une faveur spéciale de la loi;

3. Par la naturalisation.

CHAPITRE PREMIER.

ACQUISITION DE LA QUALITÉ DE FRANÇAIS PAR DROIT DE NAISSANCE
(C. N., art. 10).

Sous le régime féodal, tout individu né en France était Français, peu importait que ses parents fussent Français ou étrangers. Le sol seul conférait la qualité de Français, l'origine n'était rien.

Sous Pothier, les enfants nés de parents étrangers, mais sur le sol français, étaient Français; mais aussi les enfants nés à l'étranger de parents français qui n'avaient pas perdu cette qualité étaient également Français. On considérait donc à la fois le territoire et l'origine (Pothier, *Des personnes*, 1, 2, 1).

Mais aujourd'hui, sous l'empire du Code Napoléon, c'est à l'origine seule que se rapporte la nationalité, quel que soit le lieu de la naissance.

L'art. 10 dans son premier alinéa dit : « Tout enfant né d'un Français en pays étranger est Français. » Cet article eût été rédigé d'une manière plus complète s'il eût dit : Tout enfant né d'un Français même en pays étranger est Français, car alors il eût fait mieux sentir que la nationalité est toute personnelle et non plus territoriale comme sous l'ancienne jurisprudence; peu importe donc que l'enfant soit né en France ou à l'étranger, si ses parents sont Français, il sera lui-même Français.

D'après le deuxième alinéa de l'art. 10, tout enfant, né en pays étranger d'un Français qui aurait perdu cette qualité, n'est pas Français.

Si l'enfant est né de parents étrangers à l'époque de sa naissance, mais qui étaient encore Français lors de sa conception, cet enfant sera Français en vertu de la maxime : *Infans conceptus pro nato habetur quoties de commodis suis agitur.* Car l'art. 10 n'a pas voulu indiquer le moment précis de la naissance, mais seulement le rapport de filiation existant entre l'enfant et celui qui lui a donné le jour : il eût mieux fait pour cela de dire, issu de Français, au lieu de né de Français.

La maxime précédente ne pouvant être employée que quand il s'agit des intérêts de l'enfant, il s'ensuit que, s'il est issu d'une personne étrangère lors de sa conception, mais devenue Française avant le jour de sa naissance, il sera Français d'origine.

Dans le cas où l'enfant est né de parents dont l'un est Français et l'autre étranger, que faudra-t-il décider? Pour résoudre cette question, il faut distinguer la filiation légitime de la filiation naturelle.

L'enfant légitime suit toujours la condition de son père; l'enfant naturel reconnu par son père suit aussi la condition de ce dernier, contrairement à la maxime romaine : *Partus sequitur ventrem.* Car, à Rome, il n'existait aucun lien d'agnation entre l'enfant naturel et son père; chez nous, au contraire, la paternité et la filiation étant établies par la reconnaissance de l'enfant naturel, la puissance paternelle produit tous ses effets. Il est donc juste et rationnel que l'enfant naturel reconnu, s'y trouvant soumis, participe aussi à la nationalité de son père.

Si l'enfant n'a été reconnu que par sa mère, il suit la condition de celle-ci, et l'on applique entièrement la maxime : *Partus sequitur ventrem.*

L'enfant naturel, reconnu à la fois par son père et sa mère différant entre eux de nationalité, suivra également la nationalité de son père, car la femme suit la condition de son mari; s'il est Français, elle sera Française; la reconnaissance produit dans ce cas les mêmes effets que si l'enfant n'avait été reconnu que par son père.

Quand aucun de ses parents ne l'a reconnu, l'enfant naturel né sur le territoire français sera Français d'origine. Il en est de même de l'enfant trouvé, car la présomption est pour la nationalité française (Mourlon, I, 92).

L'enfant né en France de parents qui n'ont pas de patrie, sera étranger, car, si l'on ne peut dire qu'ils soient étrangers, on ne peut dire non plus qu'ils soient Français, condition exigée formellement par l'art. 10. Ils ne pourront invoquer que le bénéfice de l'art. 9.

De même, les enfants nés de l'étranger, admis d'après l'art. 13 à établir son domicile en France, sont étrangers, car cette autorisation ne suffit pas pour changer la nationalité.

L'application du premier alinéa de l'art. 10 offrirait de sérieuses difficultés si l'on était toujours obligé de prouver la nationalité d'un Français par son origine. Car alors il faudrait d'abord prouver la nationalité du père, ensuite, pour établir celle-ci, prouver la nationalité de l'aïeul et ainsi de suite, ce qui deviendrait presque toujours impossible.

Les art. 197 et 321 du Code Napoléon nous offrent heureusement le moyen de surmonter ces difficultés, et suppléent ainsi à l'inexistence d'un texte formel de la loi.

D'après ces articles, il résulte que la possession d'état supplée à la preuve rigoureuse de cet état; mais elle ne forme qu'une présomption qui peut être détruite par la preuve contraire.

Ainsi donc, contrairement à la règle générale, une naissance légitime pourrait se prouver, non par l'acte de mariage des père et mère, mais par cela seul qu'ils auraient vécu comme mari et femme.

Il y a une parfaite analogie entre ce cas et celui qui nous occupe : de même que la possession d'état de ses parents comme époux légitimes lui donne le titre d'enfant légitime, de même sa possession d'état et celle de son père comme Français suffisent pour lui donner la qualité de Français. Dans le cas où il existerait encore un ascendant paternel, il faudrait prouver également la possession d'état de ce dernier.

Du reste, la présomption de nationalité existe toujours en faveur des Français même établis à l'étranger ; c'est à celui qui conteste leur état ou celui de leur père, à fournir la preuve de ce qu'il allègue. Ainsi, l'enfant, né à l'étranger d'un Français est Français tant qu'il n'est pas prouvé que son père avait perdu sa qualité à l'époque de la conception.

Celui qui, né d'un Français à l'étranger, a pris par erreur et de bonne foi la qualité d'étranger, ne perd pas pour cela sa qualité de Français et ne peut se soustraire aux obligations qu'elle lui impose (*Cod. ann.*, Toulet et d'Auvilliers, 1, 12).

La loi du 7 février 1851 a accordé la faveur de la nationalité française à une nouvelle classe de personnes. Ce sont les enfants nés en France d'un étranger qui lui-même y est né. Ces enfants sont Français d'origine, à moins que, dans l'année qui suit leur majorité, ils ne réclament la qualité d'étrangers près des agents diplomatiques accrédités en France par leur gouvernement, ou près des autorités municipales du lieu de leur résidence.

Cette disposition s'applique également à l'enfant né en France d'un Français qui aurait perdu cette qualité; car la condition de deux naissances consécutives sur le sol français se trouvant remplie et la loi ne distinguant pas, il est évident que le fils de l'ex-Français, traité toujours plus favorablement que l'étranger, doit participer également au privilége concédé à ce dernier (Mourlon, 1, 96).

En résumé, sont Français de naissance:

1° Les enfants légitimes nés d'un père français;

2° L'enfant naturel reconnu par son père français ou par sa mère française, ou par les deux dans le cas même où la mère serait étrangère;

3° L'enfant né en France de parents inconnus;

4° L'enfant né en France d'un étranger qui lui-même y est né.

CHAPITRE II.

ACQUISITION DE LA QUALITÉ DE FRANÇAIS PAR UNE FAVEUR SPÉCIALE DE LA LOI
(C. N., art. 9, 10, 12).

La manière d'acquérir la qualité de Français par un bienfait de la loi est toute différente de la naturalisation. En effet, il est ici question d'un droit sanctionné par une loi, droit que chacun peut invoquer en remplissant les conditions voulues , tandis que la naturalisation n'est qu'une faveur que le gouvernement peut accorder ou refuser, selon qu'il le juge à propos.

Peuvent devenir Français par le bienfait de la loi :

1° Les individus nés en France d'un étranger ;

2° Ceux nés à l'étranger d'un Français ayant perdu cette qualité;

3° La femme étrangère qui épouse un Français.

SECTION PREMIÈRE.

Des individus nés en France d'un étranger (art. 9).

L'étranger qui a vu le jour en France éprouve presque toujours pour le pays qui l'a vu naître un attachement solide et réel. La France est sa patrie d'adoption, elle a eu ses premières pensées et le plus souvent lui a procuré les bienfaits de son éducation et de son instruction.

Ces considérations ont engagé le législateur à traiter l'étranger dont nous nous occupons d'une manière plus favorable que l'étranger proprement dit, et à lui ouvrir une voie facile dans le cas où il solliciterait la qualité de Français.

D'après l'art. 9, « tout individu né en France d'un étranger pourra, « dans l'année qui suivra l'époque de sa majorité, réclamer la qualité « de Français, pourvu que, dans le cas où il résiderait en France, il « déclare que son intention est d'y fixer son domicile, et que, dans le « cas où il résiderait en pays étranger, il fasse sa soumission de fixer en « France son domicile, et qu'il l'y établisse dans l'année à compter de « l'acte de soumission. »

La disposition de cet article ne peut être invoquée que par des individus nés en France. Ainsi, l'enfant conçu en France, mais né à l'étranger, ne pourrait s'en prévaloir. Et, en effet, les considérations qui ont dicté l'art. 9 n'existent pas dans ce cas. Ce privilége est attaché à la naissance sur le sol français, mais, comme nous l'avons dit, cette circonstance ne suffit plus aujourd'hui.

G   3

Jusqu'à la rédaction du Code Napoléon on maintint, quant à ce qui nous occupe, l'ancienne législation, par conséquent l'art. 9 est une loi nouvelle qui n'a pas d'effet rétroactif (C. N., art. 2).

Il s'ensuit que les descendants des étrangers, déclarés Français par la législation antérieure par cela seul qu'ils sont nés sur le sol français, sont revêtus de la qualité de Français sans avoir besoin de se conformer à aucune formalité.

Les conditions dont l'accomplissement est exigé par l'art. 9 sont au nombre de deux :

1° L'enfant doit réclamer la qualité de Français dans l'année qui suit sa majorité;

2° Il doit établir son domicile en France dans l'année de sa réclamation.

Ces conditions sont les mêmes pour l'enfant né de parents seulement passagers en France et pour celui né de parents domiciliés d'après l'art. 13, car la loi ne distingue pas, et, dans les deux cas, ce sont des enfants nés en France de parents étrangers.

En effet, quoique autorisées à établir leur domicile en France, les personnes dont parle l'art. 13 ne deviennent françaises qu'en remplissant toutes les formalités exigées par la loi pour la naturalisation; l'enfant auquel elles ont donné naissance ne peut donc être Français d'origine.

La loi exige d'abord que l'enfant fasse sa déclaration dans l'année qui suit sa majorité. Il est évident que cette déclaration doit être faite devant un fonctionnaire français compétent, ainsi devant le maire de la commune où il a établi son domicile ou de celle où il a l'intention de s'établir (C. N., art. 104).

Si le déclarant était domicilié à l'étranger, sa demande devrait être adressée à l'agent diplomatique envoyé par la France en ce pays.

La première question qui se présente est celle-ci : à quelle espèce de majorité doit-on s'en rapporter, est-ce à la majorité française ou à la majorité adoptée par le pays auquel appartient l'étranger? Plusieurs auteurs ont adopté cette dernière solution , en se fondant surtout sur le troisième alinéa de l'art. 3 du Code Napoléon : « Les lois concernant « l'état et la capacité des personnes régissent les personnes même en pays « étranger. »

Mais cet article se rapporte évidemment aux Français seulement que les lois du pays doivent suivre et protéger partout. En admettant également cette disposition pour les étrangers qui se soumettent de leur plein gré aux lois de la France, ce serait abdiquer l'indépendance nationale et admettre que des priviléges peuvent être introduits en France par suite de lois étrangères.

On ferait ainsi entrer dans la législation française des complications nombreuses résultant de cette combinaison de dispositions étrangères avec les lois de notre pays.

La loi française seule doit donc ici former la règle générale et ce sera à la majorité française, c'est-à-dire avant l'expiration de sa vingt-deuxième année, que le réclamant devra faire sa demande. Elle ne peut être faite avant la majorité et personne ne peut la faire en son nom.

L'étranger né en France, qui n'a pas fait cette réclamation en temps utile, ne peut plus devenir Français qu'en remplissant toutes les conditions imposées à l'étranger né en pays étranger. Cependant une modification a été apportée à cette disposition par la loi du 22 mars 1849 qui permet la réclamation après la majorité dans les deux cas suivants :

1° Si le réclamant sert ou a servi dans les armées françaises ;

2° S'il a satisfait à la loi du recrutement.

Le gouvernement, en effet, en incorporant l'enfant dans l'armée, lui a reconnu par cela même la qualité de Français : des charges lui ont été imposées par le contrat qui s'est formé, il est donc juste qu'il puisse en réclamer les avantages.

Cela s'applique également au cas où l'étranger a été exempté du service militaire par l'une des dispositions de la loi sur le recrutement.

Après avoir satisfait à cette condition et avoir déclaré, lorsqu'il réside en France, que son intention est d'y fixer son domicile, ou, s'il réside à l'étranger, qu'il s'établira en France dans l'année de l'acte de soumission, l'étranger né en France devient Français de droit.

Une seconde modification a été introduite à l'art. 9 par la loi du 7 février 1851. La disposition de cet article a été étendue aux enfants de l'étranger domicilié en France, quoique nés à l'étranger. Ils devront faire leur déclaration dans l'année de leur majorité, s'ils sont mineurs à l'époque de la naturalisation, ou s'ils sont majeurs, dans l'année de la naturalisation.

Pendant la minorité, la nationalité de l'enfant reste en suspens, jusqu'après l'expiration du délai que lui accorde l'art. 9. Alors, selon qu'il accomplira ou non les conditions exigées, il restera étranger ou deviendra Français, et cette qualité lui sera acquise dans ce deuxième cas non-seulement à partir du jour de sa réclamation, mais encore pour tout le temps qui se sera écoulé depuis sa naissance jusqu'à ce jour [1]. En effet, la disposition de l'art. 20, sur lequel on s'est fondé pour combattre cette opinion et qui repousse tout effet rétroactif, ne parle nullement de l'art. 9. Ce dernier article se sert du reste de l'expression *réclamer* qui ne peut laisser aucun doute, car on ne peut réclamer qu'un droit préexistant. Ce droit éventuel existait donc depuis la naissance de l'enfant qui en jouira en pleine possession du moment où il aura accompli les deux conditions exigées.

SECTION DEUXIÈME.

Des individus nés à l'étranger d'un Français ayant perdu cette qualité
(C. N., art. 10, 2ᵉ alinéa).

Le législateur, en admettant ainsi l'étranger à la jouissance des droits civils, devait en conséquence traiter d'une manière au moins aussi favorable l'enfant né à l'étranger d'un Français ayant perdu cette qualité. Car cet enfant est Français par nature, sa famille est française, et on

[1] Zachariæ, 1.

ne peut en outre le rendre responsable des fautes ou des caprices de son père.

Son attachement pour la France ne doit pas même être mis en doute ; aussi, à quelque époque qu'il se présente, la France l'acceptera avec empressement, en n'exigeant de lui, d'après l'art. 10, d'autres formalités que celles déterminées par l'art. 9.

Le deuxième alinéa de cet art. 10 dit : « Tout enfant né en pays « étranger d'un Français qui aurait perdu la qualité de Français, pourra « toujours recouvrer cette qualité en remplissant les formalités pres- « crites par l'art. 9. »

La disposition de cet article s'appliquait à plus forte raison à l'enfant né en France d'un Français ayant perdu cette qualité avant sa conception : il pouvait à son choix se placer dans les dispos tions de l'art. 9 ou dans celles de l'art. 10. Mais, comme nous l'avons vu à la fin du chapitre premier, la loi du 7 février 1851 lui a accordé la qualité de Français par droit de naissance, à moins qu'il ne refuse formellement cette faveur de la loi en préférant conserver sa qualité d'étranger.

L'enfant dont s'occupe le deuxième alinéa de notre article, n'a jamais été Français, c'est donc improprement que la loi se sert de l'expression *recouvrer*. Au point de vue de la nature, c'est bien, en effet, du sang français qui coule dans ses veines, mais, au point de vue légal, il est étranger, et il acquerra seulement la qualité de Français en remplissant les conditions voulues

Ces conditions sont celles de l'art. 9 ; il devra donc, s'il réside en France, déclarer que son intention est d'y fixer son domicile, ou, s'il réside à l'étranger, faire sa soumission de fixer en France son domicile dans l'année de l'acte de réclamation. Mais dans ce cas sa réclamation n'est plus restreinte à l'époque de sa majorité, il pourra *toujours* réclamer la qualité de Français. C'est à cause de cette faculté illimitée que la loi (C. N., art. 20) n'a attaché dans ce cas aucune rétroactivité à l'acquisition de la qualité de Français.

Dans le cas où le père de l'enfant viendrait, d'après l'art. 18, à recouvrer la qualité de Français, son fils ne devrait pas moins pour cela se conformer aux dispositions de l'art. 9, car il est né étranger; et son père, en redevenant Français, ne donne pas à sa naissance le privilége de la nationalité d'origine, puisque, aux termes de l'art. 20, l'art. 18 n'a pas d'effet rétroactif.

Du reste, l'art. 10 parle d'un Français sans distinguer comment ce titre appartient à celui qui l'a perdu; d'où il résulte qu'il s'applique également au fils de celui qui n'était Français que par naturalisation.

Il suffit que l'un ou l'autre des parents du réclamant ait eu la qualité de Français, car le mot Français est pris ici dans un sens générique. « *Pronuntiatio sermonis in sexu masculino ad utrumque sexum plerumque porrigitur.* » Ainsi, l'enfant dont la mère est d'origine française, mais qui sera devenue étrangère par suite de son mariage avec un étranger, pourra invoquer la disposition de l'art. 10.

On ne pourra pas ici objecter que l'enfant suit la condition de son père et que son père étant étranger, il doit l'être lui-même. Cela est vrai quand il s'agit de constater la nationalité d'origine: mais ici ce ne sont que des circonstances de naissance qu'il faut examiner, et ces circonstances étant réunies, l'enfant pourra s'en prévaloir pour réclamer la nationalité française.

Les art. 47 et 48 du Code Napoléon déterminent les actes qui devront servir à constater la naissance des individus désignés par les art. 9 et 10. Ces actes de naissance devront être joints à leur demande et adressés au même fonctionnaire.

Quant aux descendants de Français et de Françaises expatriés pour cause de religion, le bénéfice que la loi leur concède est plus étendu que celui de l'art. 10, car il n'est pas restreint à l'enfant au premier degré. Ce bénéfice est fondé sur l'art. 2, titre II de la Constitution du 3 septembre 1791 qui dit:

« Sont citoyens français..... Ceux qui, nés en pays étrangers et descen-
« dant, à quelque degré que ce soit, d'un Français ou d'une Française

« expatriés pour cause de religion, viennent demeurer en France et
« prêtent le serment civique. »

Comme le serment civique est aujourd'hui supprimé, il leur suffira
donc de rentrer en France et de faire la déclaration de domicile d'après
l'art. 9.

SECTION TROISIÈME.

De la femme étrangère qui épouse un Français
(C. N., art. 12).

L'art. 12 du Code Napoléon n'est qu'une application du principe
que la femme suit toujours et partout la condition de son mari.

Cet article nous dit : « L'étrangère, qui aura épousé un Français,
« suivra la condition de son mari. »

Le changement de nationalité s'opère donc ici de plein droit, malgré
toute protestation de la future épouse. En effet, l'art. 12, statuant sur
l'état des personnes, c'est-à-dire sur une disposition d'ordre public, il
n'est pas possible de s'y soustraire.

La loi ne fait aucune distinction, de sorte que le changement de nationalité s'opère même si l'épouse est mineure : c'est ici le seul cas où
un mineur puisse changer d'état.

Mais ce changement de nationalité de l'épouse est subordonné à la
solidité du mariage; si le mariage est annulé, il y a effet rétroactif
jusqu'au jour de la célébration, et la femme est censée n'avoir jamais
été Française.

Les art. 201 et 202 du Code Napoléon présentent deux exceptions aux
effets de la nullité du mariage.

Ces articles disent : « Le mariage, qui a été déclaré nul, produit
« néanmoins les effets civils, tant à l'égard des époux qu'à l'égard des
« enfants, lorsqu'il a été contracté de bonne foi » (art. 201).

« Si la bonne foi n'existe que de la part de l'un des deux époux, le
« mariage ne produit les effets civils qu'en faveur de cet époux et des
« enfants issus du mariage » (art. 202).

Ces articles ne s'appliquent pas au cas qui nous occupe; car, suivant son caprice, l'épouse de bonne foi pourrait, après la nullité du mariage, répudier ou réclamer à son gré la qualité de Française.

C'est, en effet, une faculté et non une obligation que la loi accorde à l'époux de bonne foi.

La qualité de Français, déterminée avec tant de soins par le législateur, est trop précieuse pour être ainsi livrée au caprice d'une femme.

Cette conséquence ne serait d'ailleurs pas compatible avec l'art. 12; car c'est sans le concours de la femme, et indépendamment de sa volonté, que, par un mariage valable avec un Français, elle devient Française. Réciproquement, si son mariage n'est pas valable, elle doit rester étrangère nécessairement et sans que cela dépende de sa volonté.

Que devient une femme étrangère d'origine après la mort de son mari Français? Restera-t-elle Française ou redeviendra-t-elle étrangère?

Cette question doit se résoudre par l'analogie qu'elle présente avec le cas de l'art. 19, ainsi conçu : « Une femme française qui épousera un « étranger suivra la condition de son mari. Si elle devient veuve, elle « recouvrera la qualité de Française, pourvu qu'elle réside en France « ou qu'elle y rentre avec l'autorisation du gouvernement et en décla-« rant qu'elle veut s'y fixer. »

Or, l'étrangère qui épouse un Français devient Française (art. 12), de même que la Française qui épouse un étranger devient étrangère; il y a similitude complète quant aux effets du mariage contracté, il doit, par conséquent, en être de même quant aux effets de sa dissolution.

De même que la veuve de l'étranger recouvre la qualité de Française (art. 19), de même, par analogie, la femme étrangère, veuve d'un Français, redevient étrangère de plein droit, mais conserve cependant la qualité de Française, tant qu'elle n'a pas accompli dans son pays les formalités exigées pour qu'elle recouvre son ancienne nationalité.

CHAPITRE III.

ACQUISITION DE LA QUALITÉ DE FRANÇAIS PAR LA NATURALISATION.

L'homme, en naissant, se trouve appartenir à une patrie, sans qu'il ait pu la choisir lui-même; obligé de se soumettre aux lois et aux exigences de cette patrie, on conçoit facilement qu'il ait pu rejeter une nationalité de hasard pour devenir membre d'un pays plus en rapport avec ses mœurs et ses intérêts.

C'est ce changement de nationalité qui constitue la naturalisation.

La naturalisation est donc un acte, soumis à certaines conditions, qui concède à un étranger la qualité de Français pour en jouir de la même manière que les Français d'origine. Mais, comme l'a fait sentir le conseiller Treilhard, dans le discours prononcé le 6 ventôse an XI au Corps législatif: « Cette communication facile, établie pour nous « enrichir de la population et de l'industrie des autres nations, pour- « rait aussi quelquefois nous apporter leur écume; tout n'est pas tou- « jours bénéfice dans un pareil commerce, et l'on ne trouve quelque- « fois que des germes de corruption et d'anarchie, où l'on avait droit « d'espérer des principes de vie et de prospérité. »

La loi s'est donc montrée exigeante et a soumis à des épreuves plus ou moins longues l'étranger qui veut acquérir la qualité de Français.

Chez les peuples les plus anciens, nous trouvons une différence marquée entre le national et l'étranger, et toujours ce dernier, pour devenir membre d'une nouvelle patrie, devra se soumettre à des exigences souvent rigoureuses et presque toujours fiscales.

A Athènes, un décret, rendu par six mille Athéniens, pouvait seul donner à l'étranger le titre de national: et encore ne pouvait-il participer aux droits politiques qu'après un certain laps de temps.

Lorsque les Romains eurent admis des positions intermédiaires entre l'*hostis* et le *civis romanus,* un grand nombre de naturalisations s'opérèrent successivement; mais d'abord toutes étaient collectives, car

G   4

la loi des XII Tables défendait expressément les faveurs particulières. La naturalisation suivit ensuite toutes les phases de la législation, et, sous l'empire, le pouvoir, affranchi de tout contrôle, abusa tellement du droit de naturaliser que Rome ne tarda pas à se voir déchirée par le grand nombre d'étrangers devenus citoyens.

La France se montra moins avare de naturalisation que les Athéniens; mais cependant aussi elle en fut moins prodigue que les Romains.

Sous le régime féodal, la naturalisation n'existe pas; les hommes sont nobles ou serfs; l'étranger reste attaché comme esclave à la terre sur laquelle il s'est réfugié.

Plus tard, la bourgeoisie remplace le servage, et l'acquisition du droit de bourgeoisie est une faveur qui exige des conditions.

Lorsque la royauté, après des efforts longs et pénibles, eut enfin triomphé de la féodalité, alors seulement toute obscurité cesse; ceux qui sont sous la dépendance du roi sont Français, les autres sont étrangers. Ces derniers, pour pouvoir participer aux bénéfices de la loi française, devront se faire naturaliser; faute de quoi, s'ils résident en France, le roi leur succédera par droit d'aubaine.

Jusqu'en 1789, la naturalisation s'opérait au moyen de lettres-patentes, délivrées au nom du roi, en grande chancellerie. Ces lettres étaient appelées *lettres de naturalité*, et on les obtenait sans condition préalable; mais elles n'étaient valables qu'autant qu'elles étaient vérifiées par la chambre des comptes et que l'impétrant se fixait dans le royaume (Déclar. de févr. 1720, enreg. au parl. le 29 avril 1720. *Dict.* de Dagat).

Après 1789, la législation en matière de naturalisation subit de nombreuses modifications. Les Constitutions de 1791 et de 1793 maintenaient la naturalisation par lettres, en transférant du pouvoir exécutif au pouvoir législatif le droit de les accorder.

Ce mode disparut dans les Constitutions de l'an III et de l'an VIII, et ce n'est que postérieurement à la publication du Code Napoléon qu'on voit reparaître les lettres de naturalité, mais avec un caractère différent des anciennes. Sous la restauration, ces lettres prennent le nom d'*ordonnances,* aujourd'hui ce sont des décrets.

A côté de cette naturalisation, le droit intermédiaire en admit une nouvelle, dépendant du concours de certaines circonstances, au moyen desquelles la nationalité s'acquérait de plein droit, sans l'intervention du pouvoir exécutif ou législatif.

Une première loi fut rendue en ce sens le 2 mai 1790 :

« Tous ceux qui sont nés hors du royaume de parents étrangers et
« qui se seront établis en France seront réputés Français, et, en prêtant
« le serment civique, seront admis à jouir des droits de citoyen fran-
« çais actif, s'ils y ont demeuré cinq années, ou s'ils ont épousé une
« Française, ou s'ils ont acquis un immeuble en France, ou s'ils y ont
« fondé un établissement de commerce, ou s'ils ont obtenu des lettres
« de bourgeoisie. »

Une disposition analogue est insérée dans la constitution du 14 septembre 1791, titre II, art. 3.

Elle ne diffère de la précédente qu'en ce qu'elle assimile un établissement d'agriculture à un établissement de commerce et ne parle pas des lettres de bourgeoisie qui avaient été supprimées.

L'art. 4 de la constitution du 24 juin 1793 se montre encore plus facile, puisque, outre les causes précédentes, il suffit d'avoir nourri un vieillard ou d'avoir été jugé par le Corps législatif avoir bien mérité de l'humanité.

Mais cette disposition, dont le but était de faire venir en France le plus d'étrangers possible, ne tarda pas à causer de grands désordres en attirant sur le sol de la République une foule de vagabonds étrangers.

On fut donc obligé d'y remédier, et l'on inséra la disposition suivante dans l'art. 10 de la Constitution du 5 fructidor an III :

« L'étranger devient citoyen français lorsque, après avoir atteint l'âge
« de vingt et un ans accomplis et avoir déclaré l'intention de se fixer en

« France, il y a résidé pendant sept années consécutives, pourvu qu'il y
« paie une contribution directe et qu'en outre il y possède une pro-
« priété foncière ou un établissement d'agriculture ou de commerce, ou
« qu'il ait épousé une Française. »

Les conditions exigées par cet article se trouvent en partie supprimées par l'art. 3 de la Constitution du 22 frimaire an VII ; le stage seul
est augmenté :

« Un étranger devient citoyen français lorsque, après avoir atteint
« l'âge de vingt et un ans et avoir déclaré l'intention de se fixer en
« France, il y a résidé pendant dix années consécutives. »

Tel était l'état des choses quand fut promulgué le Code Napoléon.

Pour résoudre les difficultés qui pourraient se présenter en passant
d'une législation à une autre, on s'en tiendra toujours au principe que
l'état d'une personne est réglée d'après la législation sous l'empire de
laquelle il a été acquis.

Du moment, en effet, qu'on a accompli toutes les conditions exigées
par la loi ancienne, l'état devient un droit acquis, une propriété
qu'aucune loi postérieure ne saurait changer.

Ainsi l'étranger, résidant en France lors de la loi de 1790, est devenu Français, et ses enfants nés en France sont Français comme lui
(J. Pal. cass., 4 févr. 1822).

Voyons maintenant la législation actuelle en matière de naturalisation.

L'art. 3 de la Constitution du 22 frimaire an VIII a servi de base aux
règles maintenant en vigueur. Cet article fut complété par plusieurs dispositions tendant à fortifier l'action du gouvernement en cette matière.
Ainsi, un avis du Conseil d'État du 18 prairial an XI a décidé que le
stage ne commencerait qu'à partir du moment où l'étranger aurait
obtenu du gouvernement l'autorisation d'établir son domicile en
France.

Mais, pendant ce stage, quelle sera la position de l'étranger ?

L'art. 13 du Code Napoléon résout cette question : « L'étranger qui

« aura été admis par le gouvernement à établir son domicile en France
« y jouira de tous les droits civils, tant qu'il continuera d'y résider. »

L'étranger ne jouit en France, d'après l'art. 11, que des droits civils
accordés aux Français par les traités de la nation à laquelle cet étranger
appartient.

Ce n'est nullement par esprit de vexation et de rigueur que la France
a refusé à l'étranger la jouissance de certains droits civils, c'est uni-
quement pour sauvegarder les intérêts du national. Si donc l'étranger
vient à offrir les garanties désirables, s'il manifeste l'intention de se
fixer en France pour devenir plus tard Français lui-même, alors nos
lois, n'ayant plus aucun motif de se montrer sévères, lui accordent la
jouissance de tous les droits civils.

Par suite de l'autorisation du gouvernement d'établir son domicile
en France, il se trouve donc en tout assimilé aux Français, sauf les
droits politiques et le statut personnel.

Cette autorisation peut être tacite, car l'art. 13 ne distingue pas, et
la loi du 14 octobre 1814, dont il est question plus loin, nous en offre
un exemple.

Si même le gouvernement venait à conférer à un étranger des fonctions publiques, il devrait être considéré comme ayant reçu l'autorisation d'établir son domicile.

Mais une si grande faveur ne pouvait être accordée indistinctement ;
une enquête est nécessaire pour s'assurer de la position et de la moralité de l'étranger ; c'est seulement après cette enquête que sa demande,
faite d'après les formes ordinaires en cette matière, sera soumise au
chef de l'État qui statuera lui-même après avoir examiné les renseigne-
ments obtenus.

Toutefois, cette position favorable n'est que transitoire, et l'étranger domicilié se trouve tout à fait à la merci du gouvernement qui
peut, à sa volonté, le rejeter à la classe des étrangers ordinaires.

L'autorisation de domicile est restreinte au pétitionnaire qui ne jouit
de ses effets qu'autant qu'il a réellement établi son domicile ; s'il quitte

la France, il renonce par cela même au bénéfice qui lui avait été concédé.

Les sénatus-consultes du 26 vendémiaire an XI et du 18 février 1808 accordent au chef du gouvernement l'autorisation de réduire le stage de l'étranger à cinq ans ou même à une année dans le cas où il aurait rendu des services à la France ou fondé un établissement utile et important.

Le décret du 28 mars 1848, rendu par le gouvernement provisoire, accorda au ministre de la justice la faculté de conférer la qualité de Français à ceux qu'il en jugerait digne et qui justifieraient d'un stage de cinq ans.

Ce décret réduisait donc le stage et affranchissait l'étranger de toute déclaration préalable et de l'autorisation du gouvernement. Mais, par suite du grand nombre des demandes, le ministre fut bientôt obligé de suspendre toute concession de naturalisation.

Le décret du 28 mars n'était que provisoire, aussi la loi des 13, 21 novembre et 3 décembre 1849 ne tarda pas à l'abroger.

D'après cette loi, l'étranger qui aspire à la naturalisation française est assujetti à un stage de dix ans (art. 1, al. 5).

Cependant ce délai peut être réduit à un an pour les mêmes causes que celles indiquées dans le sénatus-consulte du 18 févr. 1808.

L'art. 1, al. 4, remet en vigueur les dispositions de l'art. 13 du Code Napoléon, en exigeant l'autorisation de fixer le domicile. Cependant on a fait une exception en faveur de l'étranger qui aurait fait sa déclaration avant la nouvelle loi; cette exception ne peut se justifier, car l'étranger dont il s'agit n'avait pas encore de droit acquis.

Le gouvernement fait une enquête sur la moralité du postulant dont la demande est transmise au Conseil d'État. Si l'avis du Conseil est défavorable, l'empereur est lié, il ne peut accorder la naturalisation; si, au contraire, l'avis est favorable, il n'est pas lié et peut à son gré l'accorder ou la refuser.

Donc, en résumé, la naturalisation s'opère par un décret de l'empereur, rendu après une enquête préalable du gouvernement, un avis favorable du Conseil d'État et un stage de dix ans.

La naturalisation confère à l'étranger la jouissance des droits civils et politiques. Mais, pour qu'il puisse siéger dans les chambres, il faut que la naturalisation accordée par le pouvoir exécutif soit révisée par le pouvoir législatif.

Les effets de la naturalisation sont individuels, c'est-à-dire qu'ils s'attachent exclusivement à la personne naturalisée. C'est en effet un contrat pour l'accomplissement duquel la personne intéressée a dû se soumettre à des conditions toutes personnelles. Ces effets ne s'étendent donc ni aux enfants nés avant la naturalisation, ni à la femme de l'étranger devenu Français.

NATURALISATION PAR LA RÉUNION D'UN PAYS A LA FRANCE.

La réunion d'un pays à la France confère collectivement *ipso facto* et de plein droit la qualité de Français aux habitants de ce pays, d'après le principe que la personne doit suivre le sort et la condition du territoire.

La simple occupation d'un territoire par nos armées n'entraînerait pas la réunion à la France, car cette occupation n'est pas permanente. Mais il n'est pas nécessaire que la réunion ait été consentie par la nation à laquelle on enlève le territoire, une déclaration du gouvernement français doit suffire. Il est indifférent aussi que le pays réuni soit du continent européen ou qu'il soit situé au delà des mers.

La nationalité française s'efface de nouveau par la séparation du pays réuni et les personnes suivent encore ici le sort du territoire. Il importe même peu que ces personnes aient quitté le pays réuni pour se fixer sur l'ancien territoire français et qu'elles continuent d'y demeurer. En effet, elles n'ont pas changé leur condition, et, à moins de s'être fait naturaliser, elles redeviennent étrangères d'après la loi du 14 octobre 1814. Les Français qui se seraient établis dans le pays réuni ne deviendraient pas étrangers par la séparation du pays, à moins qu'ils ne continuent à y résider; mais alors ils perdent leur qualité, non par le fait de la séparation, mais en vertu de l'art. 17 du Code Napoléon.

Le principe que la séparation efface la nationalité, a été modifié par les art. 1 et 2 de la loi du 14 octobre 1814 rendue en faveur des habitants des pays incorporés à la France depuis 1791, et séparés par les traités de 1814.

L'art. 1er s'applique aux habitants qui lors de la séparation du territoire comptaient depuis leur majorité dix années de résidence en France : ils continueront à être Français sous la seule condition de déclarer dans les trois mois de la promulgation de la présente loi, l'intention de continuer à résider en France.

L'art. 2 a rapport à ceux qui ne comptaient pas encore dix années de stage; ils doivent se soumettre aux mêmes conditions que les précédents, mais il faut en outre qu'ils complètent leur dix ans de stage, avant de demander des *lettres de naturalité*.

Les personnes comprises dans ce dernier article jouissent des droits civils d'après l'art. 13 du Code Napoléon. Car la loi de 1814 leur donne l'autorisation de continuer leur stage, et cette autorisation équivaut évidemment à celle désignée par l'art. 13. Du reste, elles redeviennent étrangères par la séparation et après avoir obtenu la naturalisation, elles acquièrent la qualité de Français avec effet rétroactif jusqu'au jour de la réunion du territoire.

Les enfants mineurs et les femmes des étrangers devenus Français par la réunion de leur pays à la France, puis redevenus étrangers par le démembrement de ce même pays, d'après la loi de 1814, deviennent eux-mêmes étrangers, car les uns suivent la condition de leur père, les autres celle de leur mari. Les premiers pourront redevenir Français en remplissant les formalités de l'art. 9 du Code Napoléon.

Il n'en est pas de même des enfants mineurs dont le père serait décédé pendant la réunion et avant le démembrement, car ils sont réellement Français de naissance, étant nés d'un père Français, lequel à sa mort a fixé d'une manière irrévocable la qualité de Français sur la tête de ses enfants.

Quant aux enfants majeurs lors de la séparation, ils sont restés Français de plein droit, s'ils habitent la France; car ils sont Français de naissance et ne suivent plus la condition de leur père.

Quant aux Français qui auraient perdu leur qualité de Français, ils acquerront de nouveau l'état civil et le titre de Français en se conformant aux dispositions de l'art. 18 du Code Napoléon.

DROIT COMMERCIAL.

DES BOURSES DE COMMERCE.

(Art. 17, 72 et 73 du Code de commerce.)

Établies pour faciliter les négociations commerciales, ces réunions remontent à des temps reculés. Chez les Romains, en effet, il y avait des lieux destinés aux assemblées des négociants (*Dict. du Droit com.*, par Gouget et Merget).

On les appelait loges, colléges, places communes des marchands. Le mot *Bourse* fut employé pour la première fois à Bruges, qui était, dans le seizième siècle, le principal comptoir de la ligue anséatique; il tire son origine des trois bourses sculptées sur la porte de la maison où se réunissaient les négociants et qui appartenait à la famille Wander-Burce.

Chez nous, le mot Bourse se prend dans deux sens. Tantôt il signifie la réunion des commerçants, tantôt l'édifice dans lequel elle se tient.

L'art. 71 du Code de commerce nous en donne la définition suivante :

« La Bourse de commerce est la réunion qui se tient, sous l'autorité « de l'empereur, de commerçants, capitaines de navires, agents de « change et courtiers. »

La seule condition exigée pour l'établissement d'une Bourse, c'est l'autorisation du gouvernement, qui est, par conséquent, en droit de les supprimer.

De là il résulte qu'on doit les considérer comme établissements publics et qu'elles sont l'objet non pas de lois, mais seulement de règlements.

Les premières Bourses établies en France furent celles de Toulouse, en 1549; celle de Rouen, en 1556; puis, celles de Paris, de Lyon, de Marseille; aujourd'hui on en compte soixante-sept (*Dict.* de Gouget et Merget).

Supprimées, en 1793, par un décret du 17 juin, elles furent rétablies par la loi du 6 floréal an IX, 27 prairial an X, et par les art. 71, 72 et 73 du Code de commerce, qui n'ont point abrogés ces lois et arrêtés.

La police des Bourses est confiée à Paris au préfet de police et aux maires dans les autres villes.

Toute assemblée ayant pour but de proposer et de faire des négociations commerciales ailleurs qu'à la Bourse est expressément interdite, sous peine de destitution des agents de change et courtiers, et d'une amende pour les autres personnes.

Autrefois on n'admettait dans les Bourses que les commerçants domiciliés dans les villes mêmes où elles se trouvent et les marchands forains connus de ces derniers; mais l'expérience a fait revenir de cette exclusion; aussi tout le monde y est-il admis aujourd'hui, même les étrangers.

Cependant, en vertu du peu de confiance qu'elles inspirent, certaines personnes font exception à cette règle.

Ainsi ne peuvent entrer à la Bourse:

1° Les faillis;

2° Les personnes qui s'immiscent aux fonctions d'agents de change et de courtiers;

3° Les contrebandiers (loi du 28 avril 1816).

Les Bourses ont pour objet de centraliser les opérations commerciales; aussi, d'après l'art. 72, le résultat des négociations et des transactions qui s'y opèrent, détermine-t-il le cours du change des marchandises, des assurances maritimes, ou qui se font pour le transport sur les rivières, du frêt ou noli (on appelle ainsi le prix du loyer d'un navire, le mot noli s'emploie dans la Méditerranée, le mot frêt sur l'Océan), du prix des transports par terre ou par eau, des effets publics et autres dont le cours est susceptible d'être cité.

Quant aux négociations des fonds publics, elles ne peuvent se faire qu'à la Bourse de Paris; leur valeur est constatée d'une manière légale et authentique par les agents de change et les courtiers.

A cet effet, un syndic et quatre adjoints se réunissent pour en délibérer.

Dès qu'ils sont d'accord sur le cours, on en affiche le prix à la porte de la Bourse, et on le publie dans les journaux.

En outre, les agents de change et les courtiers sont tenus d'avoir un registre sur lequel ils inscrivent jour par jour les prix courants. Aussi peuvent-ils délivrer des certificats qui font foi jusqu'à inscription de faux.

Les Bourses ont encore l'avantage de tempérer le secret dont on entoure les opérations commerciales, et, par conséquent, elles servent à éclairer le public sur la plus ou moins grande confiance que l'on doit accorder aux commerçants.

Vu par nous président de la thèse,

RAU.

Ce 7 août 1853.